부처를 죽이다

국립중앙도서관 출판예정도서목록(CIP)

부처를 죽이다 : 김정호 시집 / 지은이: 김정호. -- 대전 : 지혜, 2016
p. ; cm. -- (지혜사랑 ; 146)

2016년 한국문화예술위원회, 부산광역시, 부산문화재단 지역문화예술특성화지원 사업으로 지원 받음
ISBN 979-11-5728-181-7 03810 : ₩9000

한국 현대시[韓國現代詩]

811.7-KDC6
895.715-DDC23 CIP2016009741

지혜사랑 146

부처를 죽이다

김정호

지혜

시인의 말

오랫동안 빈 가슴 속에
새가 되지 못하고 떨고 있던
미완의 시어詩語들
세상 밖으로 훌훌 날려 보낸다

속이 후련하다

2016년 初春
美石山房에서

차례

2부 천둥 —아내의 자수

3부 즐거운 고문拷問

4부 하우스 푸어

• 일러두기

한 연이 첫 번째 행에서 시작될 때는 > 로 표시합니다.

1부

부전나비 날개를 접다

달무리

시방
그리운 네 모습
암만, 가슴에 담으려 할수록
저 멀리 달아나 버리나

정녕 그리운 것은
형체나 경계도 없이
이다지 애달픈 것인가

무심하여라 달무리여
오늘 풍경도 한없이
무기력하기만 하고
내가 너에게로 돌아간
꿈속 계단

또

영원한 결별

해후

그녀 어머니의 장례식장
반갑다는 말도 제대로 하지 못한 채
30년만의 어색한 만남
손이 거칠다며 악수조차 망설인 그 여자
그 동안 생生의 주름이
심장까지 파고들어 가슴을 친다
꼭 30년 전 이맘쯤이었을까
그 여름 미루나무 숲 아래
푸른새 되어 날아가 버린 뒤
마음가득 네 모습
눈 감은 채 암만 더듬어도
잡혀들지 않았나
그 세월로 말하자면
넉넉잡고 강江 하나 파고 남을 만큼
힘겹고 애잔한 것이었으니
이 밤도 또 질긴 봄비
꽃잎은 작은 바람에도 힘없이 무너지고
젖은 대지 위
풍성했던 20대의 언덕
풋물로 빗장을 푼다

등번호

사람마다 자기 나이는
등에 매달고 산다 했습니다
그래, 이렇게 늦게
눈을 떠서는 안 되었습니다
먼 수평선 위
点点으로 박히는 철새 떼
다시 미명의 강을 찾아 떠납니다.
저 건너는 여명의 숲
내, 일찍이 알기로는
숲은 어둠을 불러들여 어둠을 가두는 곳
여태 숲의 그림자조차 만들지 못해
차마 오늘도 울지 못합니다
웃을 수도 없습니다
이제, 몇 날씩 밤을 지새우는
열정도 차츰 식어가고
작은 파도조차 넘지 못한 채

어깨만 자꾸 야위어 갑니다

상원사 동종

어젯밤부터 심상치 않더니
오늘은 작정이라도 한 듯
여명의 눈동자가 풀리기 전
천둥을 세웠다
아직 잠에서 깨어나지 못한
뼈 마디마디가 팽팽해지고
모처럼 게으름을 꿈꾸려던
산사山寺 주변 전나무들
수직으로 일어선다
그래, 곡소리는 함께 어울려야
제 맛이 나는 법
천년이 지난 지금
둥근 울음소리를 내지 못한 나
오늘은 세상 소리란 소리 모두 불러내
통곡해 보는 거다
풍진 세상
한 번

흔들어 보는게다

입동 지나 부산역

어둠을 등에 태운
자정 무렵 땅끝 종착역
마지막 열차도 바닥에
길게 돌아 눕는다
모두 돌아간 바람 자리
지난 여름날
선잠위로 무수히 날아들던
그 많던 벌레들은 다 어디로 갔는지
선로에서 끌어낸 불빛만
서둘러 둥지를 찾아 떠나는데
돌아 갈 곳 없는
투명한 옷 차림 노숙자 부부
밤새 파도소리 재우며
접힌 시간 위
뼈 없는 바람으로

허기진 밤을 짓고 있다

부전나비 날개를 접다

쥐똥나무 울타리에 앉아
거친 숨을 내쉬고 있다
애벌레의 빛나는 기억
허궁다리 아래 재워 놓고
검은 촉수를 앞세운
검정맵시벌과 마지막 이별여행
이제 어둠을 사룰 힘조차 없다
그래도 더는 세상을 탓하지 않으리라
심장은 해가 갈수록
온기 잃어간 꼬리별을 닮아 간다
가진 것이라고는
단청으로 채색된 하늘 한 뼘

지리산 어디쯤
묵은 마음 내려놓고
어디로 가야 하나

시방十方

목격자를 찾습니다

짧은 치마를 입은 이십대 중반의 여자
아무런 망설임 없이 들어와
반쯤 일어선 침대에 눕는다
하얀 머리가 듬성듬성 난 중년의 사내
그녀의 가장 깊고 깊은 곳을
예고도 없이 밀치고 들어선다
그 여자의 미지의 세계
첫사랑을 고백 받은 정인情人에게도 조차
보여주지 못했던 세상과 통하는 문이다
그녀는 어둡고 비밀스러운 공간에서
은밀하고 화려한 빛을 만들어
우주 밖 행성들과 밀회를 즐기고 있다
다른 한쪽에는 보금자리를 잃은 직바구리
둥지를 틀고 언강이 풀리기를 기다린다
중년 남자의 계속된 고집스러운 압박
속울음 참아내는 여자의 눈 가장자리
주렁주렁 엉기는 수정 눈물방울
고통의 크기를 짐작할 뿐이다

지금 나, 목젖을 치료하고 있는
이비인후과 모니터 앞에 앉아
이름이 호명되기를 기다리고 있는 중이다

가변차선

예정된 길은 처음부터 없었다
7080음악을 들으며 지나던 어제 퇴근길
오늘은 중무장한 대형 트럭들
일렬로 서서 점령군처럼 밀려든다
사람들은 때로 배신하기도 하고 배신당하며
서로의 상처를 치유해 주기도 하지만
이곳의 경계선을 지우는 순간
작은 평화조차 보장할 수 없는 화약고
그런데도 지난밤
화려한 네온사인 불빛에 취한 경차 한 대
헝클어진 점선 안으로 들어서자
집으로 돌아가는 길은 더욱 희미해지고
회식 도시인을 태운 반대편 대형 버스들
일제히 공갈탄을 쏘아 올리며
점선의 해방구 안에 가두어 버린다
후後, 늘 그랬던 것처럼
규정된 속도조차 잃은 내 고물 승용차
교차로 지나 미정의 구역으로 진입하자
무인카메라가 빛바랜 번호판을
음흉한 눈빛으로 훑고 지난다

백팔배百八拜

어둠을 삼키고
여명을 토해낸다
심장 떨리는 둥근 울음소리
세상을 여는 동안
나는 몇 번씩 혼절했다
깨어나기를 반복한다

아직 허물지 못한 경계境界
풍선처럼 부풀어 오른
허상의 가면을 벗어 던졌다

접히지 않는 뱃살을 움켜쥐고
무릎을 꿇고
지상의 가장 낮은 곳으로 향한다

죽었던 나를 버리고
다시

내가 깨어난다

다시 고수高手 대 고수高愁

1.

여름이 익을대로 익어갈 무렵
고향에서 날아온 친구 어머니의 부음 소식
풀벌레들 먼저 마중하며
일제히 곡哭소리 높인다
수手 인사가 끝나자
한쪽 끝에서는 예외없이 섯다 판이 벌어지고
나 한때 이 바닥에서 소문난 고수가 아니었던가
비록 빛이 희미한 바닥을 떠난지 오래지만
내 안에 잠재된 나를 깨워
못 이긴 척 판에 끼어들었다

그 시절 그 경지에 이르기까지
프로이드나 스키너의 저서를 눈앞에 붙들고
마음을 찍어내는 연습을 하며
몇 날씩 하얀 밤을 불태웠던
그래서 손끝을 스치는 바람소리만으로
상대방의 패牌를 읽을 수 있었던

잠시 옛 기억만으로
지루한 일상의 허전함을 보상 받을 수 있을까
그런 오늘따라 예보에 없는 폭우는 밤새 쏟아지고

이제 더 이상 핑계거리도 두려움도 사라지는
그렇게 새벽의 종착지가 다가올 쯤
모두들 판을 키우고 싶은 열망이었을까

2.
평소 보름달만 보면
가슴이 벌렁거린다는 은행 지점장 친구
손마저 부르르 떠는 것을 보니
(내 장담 하노라)
선수들 사이에서도 지난 장날
소 판돈을 훔쳐와서라도 찌르고 본다는
(분명) '팔땡'을 잡았겠다

한쪽에는 밤 내내 벌레 씹은 얼굴을 하고 있는
한때 나와 시詩를 열망했던
그래서 미당의 그림자를 좇다
지금은 고등학교에서 모국어를 가르치는 친구 녀석
얼굴이 국화꽃처럼 활짝 피어난 것을 보니
조상의 문전옥답을 걸고서라도 마지막 승부를 본다는
(짐작컨대) '구땡'을 쥐었는갑다

나, 오늘따라 찌릿한 손맛 본지 오래

몸도 지갑도 점점 허전해지고
더 이상 교회당의 종소리, 산사의 풍경소리에도
마음이 편해지지 않는

그런데 또 다시 손에 쥔 것은 보지도 않고 버린다는
'넷끝'
이것으로는 그 어떤 만용도 오기조차 필요없는
(천하의 못쓸)

3.
그래도 세상 사람들이여
나, 이 판에 쉽게 손 놓을 수 없는 까닭은

'넷끝' 일망정
그냥 죽고 버려야 할 '사死'아닌 그냥 '넷四'아닌

전설의 '넷끝'

바로
'장사'*렸다

옛따, 내 장사를 받아라!

* 지역마다 룰은 다르지만 상갓집에서 만큼은 '삼팔광땡'을 제외하고는 모두 이길 수 있는 장과 흑사리 열을 가진 패.

복권

온몸에 퍼진 독기를 다스리며 준비했는데
시험지 첫 장조차 볼 수 없다 해서
허기진 마음 달래려 독주毒酒를 마신다
버스들은 누에처럼 제자리에 멈춰 꿈틀거리고
길거리 가로등이 달을 껴안고 낑낑거리고 있다
이런 이유라면
잔다르크가 된다 한들 인정받을 수 없는 공적功績
한쪽에서는 이웃집 바람난 여인네 행실처럼
풍문으로만 들려오는 설說 설舌
그렇다고 내 아버지 어머니
그 어머니 아버지 호적을 파낼 수는 없는 일
아니, 평생 가난을 보듬고 살아온 생이
가장 큰 이유라는데
죄가 되고 죄인을 만드는 가난을 벗어날 수 있을까 싶어
낮달이 흘려놓은 불빛을 끌고
맞은편 24시간 편의점에서 즉석복권 몇 장을 샀다
이순신의 얼굴이 새겨진 동전을 장검長劍처럼 세워
적장의 심장을 겨누듯 엄숙한 마음으로
한 중심부터 껍질을 벗기기 시작했다

내 몸이 시퍼렇게 멍들기 시작했다

신풍속도新風俗圖

부산도시철도 1호선 안
무참하도록 파아란 하늘과
무채색의 지상 사이
모두들 고개 푹 숙이고
고요를 닫고 평화를 지운 순간
이곳 저곳에서 팡팡팡
또 다른 곳에서는 퐁퐁 꽝, 꽝꽝 퐁
신분이나 나이의 구분없이
영혼조차 발바닥 아래 팽겨쳐 놓고
너와 내가 함께 공멸하는 예행연습
지대공 미사일을 쏘아대고
또 어떤 이들은 다연발 로켓포를
허공에 어지럽게 뿌리고 있다
그럴 때마다 떠돌이 별 무리지어
긴 꼬리 내리며 불꽃으로 피었다 사라지고
대신 죽은 낮달 얼굴 가린다
인간에 의해 조립되고
인간에 의해 파괴되는
이 돌이킬 수 없는
죽음과 전쟁을 잉태한 본능
나는 결코
아무런 단추도 누를 수 없어
낡은 시집을 펼쳐든다

하늘 집

지리산 하늘 아래
솜털처럼 아늑한 집 하나 들여야겠다
살아 천년 죽어 천년을 산다는
장터목 주목 위 상고대를 꺾어다 기둥을 세우고
양떼구름 불러와
박처럼 둥근 지붕을 만들어야지
날마다 천왕봉 봉우리를 넘나드는
높새바람 세워놓고 쫙쫙 펼쳐서
투명 창문 하나 내야겠다
숨겨야 할 자본도
허기진 명예도 필요없는 그곳
울타리 따위 필요 없겠다
하지만, 다시 비단구름 한 무리 유혹하여
근사한 마당 하나는 있어야겠지
아아, 그런데 어쩌나
입동이 오기 전에 사시나무가 되어버린 나, 나는
하는 수 없어 지리산 상부댐에 막 솟아오른
무지개 한 귀퉁이 잘라내 아궁이를 지어 놓고
그곳에 햇살이란 햇살을 죄다 쓰셔 넣고
보름은 해를 품고, 보름은 달을 품고
날마다 물때썰때 일어나 허허둥실
허줄래기춤이나 추며 살아야겠다

바람이 전하는 말

1
서둘러 점심을 끝낸 후
잰걸음으로 사무실 앞 윤산에 올랐다
숲 입구에 다다르자
편백나무들 일제히 달려 나와 마중하며
동부새를 타고 온
온갖 풍문 쏟아 낸다

네 번의 생사生死의 기로에도
당당했던 굴곡진, 生

순간, 휘청거린다

2
괜찮다
더 이상 아파하지 마라
이 또한
한 평생 주인없는 무덤을 찾아 떠도는 바람인 것을
그러니, 흔들리지 말고
애초

네, 갈 길 가라고

부처를 죽이다

고향에서 보내온 쌀자루를 열자
춥고 아픈 시간 불붙이며
운주사 와불瓦佛이 된 쌀나방 몇 마리
방안을 제멋대로 비행하고 있다
망설임도 없이 몸의 경련 세워
숨을 죽이고 나방이들을 미행한다
그러다 반은 두려움으로 반은 측은함으로
문명의 최첨단 치명적인 무기
촘촘하게 마디마다 우주의 기를 모은
죽음의 그물망*을 펼쳐들고
나방이들 날개를 덮친다
그러자 중중모리 장단으로
연기처럼 산화해버린 나방이들

처처불상處處佛像**이라 했거늘
아직 마음의 독毒을 뽑아내지 못해
부처가 되지 못한 나
나방이 부처들을
죽음의 향연으로 인도하고 있다

아, 연화세계로 가는 길
멀기만 하다

* 전기모기채.
** 세상 모든 것(가는 곳 마다)이 부처요 하는 일마다 불공이라는 원불교 교리 중.

폭우暴雨 즈음

며칠째 계속되는 비
누가 이 질긴 아집
꺾을 수 있겠느냐
매시간 점점 거칠어진 빗줄기
자꾸만 행로를 이탈하여
가난한 이들의 가슴 속으로만 파고든다
이런 비를 보고
어떤 이는
오랜 목마름 넘어
하늘의 후련한 분노라 하고
또 어떤 이들은
비린 자들을 단죄할
마지막 경고라 하는데
이제 그만 눈을 떠라
차라리 허명을 붙들기 위해
젖은 불빛조차 구별하지 못하고
끊임없이 달려드는
비열하다 못해 망령난 불나방들
깨끗이 덮어버리고
홀로 넘쳐나라

목욕탕

오랜만에 찾은 목욕탕
여자 종업원의 모기만한 목소리
얼마 전 남탕 여탕이 서로 바뀌었단다
여탕 아니 여탕 아닌 남탕으로 들어서자
너무 쉽게 읽혀진 이성을 누른 본능
아랫도리가 먼저 주위를 흘끔거리더니
신전에 헌화를 마친 군인의 받들어총처럼 곧추 세운다
물안개를 불러와 빈 배 띄우고
다시 낯설은 거울 앞에 서 본다
헝클어진 내 몸뚱어리는 물안개에 묻혀 금세 희미해지고
며칠 전까지 그 자리 서있던
한 여자의 몸이 각인刻印되어 있다
물고기 눈이 되어 거울에 새겨진 풍경 일으킨다
그러자 아내의 몸을 통해서도 몰랐던
은밀한 신전 안 비밀의 밀림이 들어 서 있고
아직 누구도 찾지 않았을
황홀한 성지가 눈앞에 펼쳐져 있다
여자의 몸속에 들어선 성전 주변
나는 관광객처럼 위장하여 주위를 배회하다
그곳이 우주와 통하는
비밀의 문이라는 것을 처음 알았다
하긴 그 비밀의 문 열쇠는

일부 신의 은총을 받은 남자에게만 허락된다는 사실
알긴, 안다

2부

천둥

— 아내의 자수

수석壽石 2題

오래전 동해 바다에서
긴 기다림 끝에
인연이란 굴레로 모셔온
물개석 한 마리
이제, 내 품 떠나
고향 바다 절벽 아래
뿌리를 내리겠다고
날마다 주리를 틀고

언제부터인가
거실 수석 진열장
새색시처럼 단정하게 앉아 있는
긴 머리 여인석女人石
오랜 침묵의 배경 내려놓고
내 곁에

눕길 청하는네

이순耳順으로 가는 길

만월이 빗어낸 길 따라
앞만 보고 가다
하마터면 길을 잃을 뻔 했습니다
향기로운 달빛과 강서리로
허기진 생 채우며 살아왔지만
가난이 이렇게
큰 죄罪가 될 줄 몰랐습니다
이런 가난을 잉태한
청청靑靑한 소나무 위 소쩍새
봄이 오도록 소리죽여 나직이 울며
내 발걸음 붙잡을 줄 몰랐습니다.
하지만
지금까지 살아 왔던 것처럼
스물거리는 바람으로
맑게 깎아낸 솔향기
푸르게 푸르게 야위어 가도
더 이상

부끄러워하지 않겠습니다

연꽃

비갠 오후
수런대는 바람 지나
님 오는 소리인가
창밖을 내다보니
뒤뜰 연못
꿈속에 핀 연꽃* 위
방싯거리며
앉아 있는
그분

세상 풍경
다 내려놓고
이리 오라
손짓하네

* 김해 전주현 화가의 책 제목.

시인의 언어

마른기침에 조차
오른쪽으로만 넘어지는 세상
꽃이 열병처럼 피었다 져도
함께 웃고 울어 줄 사람 없는 세상
모두가 펜을 거꾸로 받쳐 들고
패거리로 몰려다니며 충성을 맹세하네
청청한 빛깔로 색칠한 아방궁 속
바람 빠진 물총을 서로 겨누고 있네
만나는 사람, 사람마다
모두 시인이라고 이름 짓고
이러다 옆집 강아지도
시인이라고 부르면 달려오겠네
그래, 골목골목마다
멍! 멍! 그 소리들

시인들의 모국어가 되겠네

더딘 봄

봄비가 내렸다

마지막 희망마저
손에서 놓아버린 노숙자
장애가 있는 친딸을
수년간 성폭행했다는
기사가 실린 신문 한 겹으로
짐승 우리를 만들어
폐허의 지상 위에 눕는다

춘분이 모레
자목련 더 이상
꽃망울을 터뜨리지 못한다

다시

겨울

틈

빈틈없는 생각
빈틈없는 일
빈틈없는 생활
그리고 완전한 사랑
나, 그렇게 살고 싶었다

아니, 아니다
그 틈이 있어 빗물도 스며들고
그 틈이 있어 쓸쓸한 바람 한 자락 묻어놓고
그 틈 사이로 지친 섬 하나 끌어다 놓았다

이제

당신이 그 틈으로 들어올 차례

시작詩作이란

신神과 마주앉아
소주를 마시는 일

혹은
빗자루를 타고
우주 속을 떠돌아다니며
또 다른 행성의 외계인과

밀회를 즐기는 일

다시 파문波紋

때맞은 벚꽃의 행렬이 끝난
어느 날 하오
甲이라고 자칭한 직장 선배로부터
전화 한 통 받았습니다
아무런 수식도 없이 쏟아내는
모국어의 압박
쉽게 끊지 못할 사이라지만
또 다른 언어의 고통입니다
이미 떠세*들이 차지해 버린
남루한 세상
향기를 가진 사람 찾기가
어찌나 힘든지
마치 약자弱者들의 대변인이 된 양 소리치지만
무엇 하나 온전히 지키지 못하고
꼭
유리문에 갇혀
꽃을 파는 이미지즘을
지울 수 없는 것은

결코, 우연히 아닙니다

* 돈이나 세력을 믿고 잘난 체하고 억지를 쓰는 것.

초등학교 동창회

동부새가 머물다 간
고인돌 위
아직
친구들의 체온이 남아 있다

참

따
뜻
하
다

문門 혹은 문問

목을 빼며 살아온 날들의 연속
끝내 화해를 거부한 일상의 그림자
언제부터인가 가슴 속에서 덧나
늘 외발로 하늘을 버팅겨야 했습니다
식탁 위 젖은 빵 한 조각
어떤 이에게는 버리기조차 하찮은 것이지만
또 다른 누군가에게는
목숨을 담보할 양식이었음 알았습니다
오늘은 길을 나서지 않겠습니다
그대 푸른 무릎 위에 무너져
더 큰 통증이 뿌리 내리기 전
소리 내어 울고 싶습니다
저기 어른거리는 문 그림자
다들 서투른 몸짓으로도 쉽게 넘더니만
나는 아무리 하늘높이 뛰어도
손끝조차 닿을 수 없다는
가깝고도 단순한 진실조차
너무 늦게 안 것도
죄라면 죄라 하겠습니다
그만 창문을 닫겠습니다
이런 저런 풍문조차 더 이상
묻지도 캐내고 싶지도 않습니다

차라리 고목에 기생하는 푸른 이끼 되어
하늘을 유혹하며 살겠습니다

천둥

— 아내의 자수

참선하는 고승高僧이 되어
미동조차 없이 벽을 끌어안고 있다
얼마간의 시간이 지난 후
바늘 한 쌈을 염주처럼 굴리기 시작하자
갑자기 요동치는 하늘
천둥을 불러 세웠다
때 맞춰 그녀의 손길이 더욱 빨라지고
마른번개를 빗어낼 때마다
아득했던 지상에 하나 둘 산과 들이 들어서고
여린 이파리 한 땀 한 땀
피워낼 때마다
거대한 대지 푸르게 푸르게 물들어 간다
사랑하기에도 짧은 시간 지나
천둥과 번개가 그치고
아내의 손길도 느슨해질 쯤
어느새 지상을 열고 나온
바람꽃 몇 송이

세상이 다 환해졌다

폐경기

사랑도 노동 넘어 고문이라는 초등학교 여자 동창생
남자도 여자도 아닌 아이가 되어 간다는
언제부터인지 길을 잃지 않기 위해
희고 둥근 빵부스러기를
지나온 길에 뿌려 놓았다고
꽃바람조차 싫어
달빛 슬며시 끌어다 품고
둥지를 떠나지 않는다는
어느 날 오랜만에 온 사위를 위해
싱싱한 횟감을 뜨기 위해 새벽시장에 갔다
밑이 조여지지 않아 깨금발로 뛰어 다니다
기저귀만 한 묶음 사오고 말았다고
오십 년을 넘게 무너지지 않을 성을 쌓다
몸이 식는 줄 몰랐다고
희미해져가는 생의 부스러기들
더 이상 부리지 않기 위해
9시 뉴스 신호음에 맞추어 잠자리에 들지만
철새들 남녘으로 떠나는 모습 보며
배란다로 뛰쳐나가
울컥, 서러움만 한 덩이

쏟아내고 말았다는

개망초

이곳 저곳
허듭시리 피었습니다
알지 못합니다
이름도 천해
그 아득한 세월
무심으로 살았습니다
뇌성 우는 몇날 밤
또 한 번 절망의 각질을 뚫고
들판에 초롱초롱
아침이슬로 피어올랐습니다
더러는 누군가의 가슴팍에 나붓기는
그리움이 되고
하얀 아우성이 된다는 것을
너무 늦게 안 탓입니다
이제 지난 세월 재워놓고
별이 내리는 들판 수호신이 되고
가난한 이들의 웃음꽃이 되고 싶습니다
내 이름, 서럽도록
생채기 가득한 개망초

개망초꽃이랍니다

다시 간극

입동 지난 십일월 끝자락
사무실 들어오는 화단 초입初入
철 이른 동백꽃 붉은 입술 열었다
다른 한쪽에는 계절 잊은 철쭉꽃 몇 송이
심장 멈춘 나비처럼 펄럭이며
두 계절이 마주 서 있다
너무 이르거나 늦어서는
작은 는개에도
한 순간 쓰러지는 '생生'이라는 것을
벌써 잊었더냐
모진 바람을 맞은 다음에야
꽃다운 꽃이 핀다는
계절과 계절 사이
서로 품고 있던
생의 한 끝을 놓고서야
비로소 홀로서기 위해

계절을 앓는다

현수막

고향 가는 길

읍내 한 고등학교 입구
축!, ○○회 졸업생 ○○시험 합격
대형 현수막 내다 걸리자
국도변 폐가 돌담 위
막 풋잠에서 깨어난 나팔꽃
일제히 풍악을 올린다

개판 같은 세상
영혼 없는 충견* 되라는

* 조지 오웰의 '동물농장'을 비유함.

약력略歷

1.

문학잡지 특집으로 게재할 것이라며 원고와 약력을 보내달라는데 어쩌거나 내 약력 가난을 두른 가방끈 매듭 희미하고 그 흔한 문학상조차 없는데 이럴 줄 알았다면 근사한 꽃무늬 그림 몇 장으로 포장하고 끼리끼리 만든 문학상 한 두 개라도 받아 둘 걸 (평생 덤으로 준 문학상은 받지 않을 거라 했는데) 모교에서 준 '자랑 스러운 동문상'이라도 적을까(아 아니지 그것도 거부했는데)

2.

얼마 전 고위공직자 청문회장 이십 여년 공직생활에 이십억 재산이면 아주 청렴했다는 한 위정자의 말이 너무 충격이었다고 우스워 혼났다고, 아니 분노하였다고 삼십 년 나라살림 맡아도 아직 반쪽 집에 사는 나는 아내에게 애절한 소명서라도 한 장 써야 하나 평생 상처 난 가슴으로 시를 짓고 휑한 가슴 속은 안주도 없이 값싼 알코올로 채웠다고 써 볼까 고향에 계신 어머니는 일 년에 한두 번 그것도 해와 달이 만나는 날 겨우 찾아뵙는 천하의 못된 놈이라고 써볼까 감출 것도 숨겨야 할 것도 없는 그래서 적고 싶어도 적을 것도 없는 무엇을 써야 하나 내 약력 더 이상 숨길 수 없어 부끄러운 나이와 부끄럽지 않은 고향과 이미 세상 속으로 날려 보낸 시집 이름만 적어 보낸다

숨 꼬리 길게 흘리며

경전經典

막 삭발을 끝내고
서투른 몸짓으로
합장하는 동자스님
주렁주렁한 눈물

하늘 오르는 길
폐지를 가득 실은
노파의 수레를 미는 꼬마 아이
이마에 흐르는 땀방울

공원 물푸레나무 아래
가슴을 허물고
어린아이에 젖을 물리며
자장가를 부르는 아이 엄마
하늘색 미소

이것이 바로
경전 중 경전이다

3부

즐거운 고문拷問

이상한 동네 사람들

지구를 거꾸로 매달고 산다
멀미를 하면서 바둥거리며
거친 숨을 헐떡거리고 있다
벽걸이 대형 TV 화면 속
여자 아이돌 가수의 현란함 춤사위에
두 눈은 점점 충혈되어 간다
입에 문 오리발은 비수가 되어
지나는 행인을 무참히 공격한다
그곳은 시도 시인도 사라진지 오래
더러 원로 문인들이란 사람들은
오래전 폐간된 잡지를 뜯어먹고 있다
또 다른 곳에서는 이쪽저쪽 편 갈라
물대포를 쏘며 포로 교환식을 하고 있다
그들은 한 번도 울타리 밖을 나서지 못하고
자신들이 사는 곳을
세상의 중심이라고 생각한다
그런 후 스스로 우리에 갇혀

컹컹, 짐승 소리만 요란하고

어긋나기

술 한 잔 같이 하자는
동갑내기 아파트 경비
한씨

나는
뜨는 해를 보고
출근하고

한씨는
지는 해 보고
출근하는데

이명耳鳴이거나 비한鼻鼾이거나

왼쪽 귀에 거대한 들판이 들어와 있다
막 추수를 끝낸 들녘
풀벌레 소리 요란하고
길섶에 방패연을 날리고 있는 아이들
타다 남은 노을을 마신다
몇 년만에 찾아온 쇠기러기 무리
길 잃은 조개구름 흔들어 놓고
벌판 가득 별을 부려 놓는다
얕은 수로를 거슬러 올라온 강물
모래톱을 쌓았다 허물기를 반복하고
나는 한 번도 들판을 조붓이 걸어 본적 없는데
허기진 궁둥윗 바람
종종걸음으로 논틀길을 달리며
주인 없는 개를 끌고
유기견 보호소에 내려놓고 사라진다

모두가 떠나간 허허벌판
허수아비가 된 나
솔개를 기다린다

공생

앙코르와트 사원
저기, 저곳을 보아라
거대한 나무의 뿌리가
처음 설레는 마음으로
건물의 심장을 감싸안고 있다
저것은 영원한 사랑의 증표
아니 어떤 이들은
난폭한 파괴자의 본능이라는데
아무도 함부로 말하지 마라
저 뿌리가 없었다만
뼈가 없는 저기 저 몸뚱어리
오래전 한 줌의 모래로 사라졌다는 것을
이것은 내 살고
너를 허물려는 우리 인간들 방식이 아닌
나 살고 너도 함께 사는
그들만의 사랑 방식이라는 것을

균형 잡기

우직한 걸음으로
우측으로만 가는
너
혼자만 잘 살겠다 하고

외눈박이 눈으로
좌측 길만 찾는
너는
다 같이 죽을 수 있다 하는데

잠시 쓰린 배 부여안고
함께 손잡고 갈 수 있는 길
눈앞 바로

저기인데

이른 봄, 산

만삭의 여자가
언덕에 앉아
수시로 나온
봄 햇살을 캐고 있다

새울음 지난 뒤
큰 산을 순산한
그 여자
낡은 대웅전 안으로
사라지자

그 뒤를
합장하며 따르는

노란 나비 떼

비구니

봄볕에 건네던 숨결마냥
부드러운 토양에
뿌리를 내리지 못한 죄
그 죄밖에 없는데

젖은 어깨 햇살에 말리며
바랑을 지고
오늘은
허기진 세상에
외로운 집시가 된다

산호빛 넘실거리는
파도소리 흔들며
오늘은 풍진 세상
한없이 떠도는
바람이 된다

마음공부

어느 때는 너무 작아
흔적조차 보이지 않고
어느 때는 너무 커
우주를 품었다 하네
깊이 깨달으면
성불하였다하고
집착하면 욕망이라 하는데
정해진 운명이라고
인연을 멀리하지 말고
매마른 마음이라고
죄를 키우지 마라 하네
그늘진 마음
날마다 지우고 버리면
기나긴 어둠의 터널 건너
해탈할 수 있다 하네

길 찾기

교전을 읽다
깜박 잠이 들었다

문득 절벽아래
갈림길 가운데 에움길* 하나
세상은 이미 불꺼진지 오래
그때, 어디선가 들려오는
목소리
(바람소리인가
아니 님의 목소리인가**)

'그 길이 네, 갈 길 맞다'

* 곧바르지 않고 굽은 길.
** 원불교 성가에서 따옴.

개나리꽃에게

아니, 저런
세상 말세여,
말세

이른 아침부터
완월동 새악시들처럼
속살 다 드러 내놓고
돌담 위 떼거지로 걸터 앉아
지나는 사내들을
유혹하면
도대체

어쩌란 말이여

숨비소리*

어둠을 빗질한 수평선
여명이 각색될 즈음
흔들리는 그리움에 오열하며
외로이 부표를 탄다
생의 슬픈 까닭도 모른 채
눈물 거두어 나른다
한때 바다가 무서워
수십 번 화해의 손길을 내미는
도심으로 도망치고 싶었지만
몇 해 전 오징어잡이 배를 탔다
아직 돌아오지 못한 지아비를 기다리며
짚어도 짚어도 밀려드는
큰 파랑을 딛고 넘는다
앙가슴으로 바다를 통째로 마셨다

하늘을 향해 부려 놓는다

* 좀녀(해녀)들이 물질할 때 깊은 바닷속에서 해산물을 캐다가 숨이 턱까지 차오르면 물밖으로 나오면서 내뿜는 휘파람 소리.

침의 소통학

1
온기 모인 돌침대 위
큰 대大자로 누워 있다
흰 가운을 입은 의사는
청진기 대신
장침을 빼어들고
아무런 표정도 없이
몸의 길목마다
높은 수문을 세운다

2
남 탓하지 마라
세상과 소통이 부족한 탓일 게다
아니
세상 소문에 귀 닫고
너무 일찍 날개를 꺾어 버린 후
하늘조차 쳐다보지 않으려는

내, 오만함 일거다.

즐거운 고문拷問

몇 달째 어깨 뿌리까지 파고드는
통증을 다스리기 위해 찾은 경락업소
주인은 잠시 몸틀임하며 나이를 묻더니
지천명知天命 지나
차마 허물 수 없는 벽이 된
이런 못쓸 뭉뚱어리는 처음 본다고
잠시 후 품 속에서 철필鐵筆*을 꺼내들고
뼈와 뼈를 하나하나 분리시킨다
창끝이 살 속을 헤집고 춤 출 때마다
몇 번을 혼절했다 깨어난다
자, 이번은 협봉검狹鋒劍**으로
온몸 구석구석 수색에 나선다
숨을 내 쉴 때마다 살점 하나하나 짓이겨
심장끝까지 스며들며
오기가 받친 몸뚱어리를 쥐어뜯는다
그 고통 하도 서러워
더는 아프다 소리칠 수 없어
하마터면 날마다 하늘과 내통하고 있다는
비밀,

누설할 뻔 했다

* 무협지에 자주 등장하는 무기로 쇠로 만든 일종의 붓 비슷한 기문병기.
** 뿔이 좁은 검으로 찌르는 것 위주의 기형검을 말함.

꽃대자리

이제 그만 너와
질긴 끈을 놓으려 한다
이제껏 가슴에 독을 품고
살아온 날의 연속이었다
남들은 늘 화려한 꽃대궁 속
꿀벌처럼 웅크리고 있는 나를
부러워하기도 했지만
한 번도 벌과 나비를 초대하지 못했다
애초부터 외면해야 했던
꽃대자리
더 이상 연연하지 않아도 좋으리
화단 밖은 늘 예상 밖이다
돌아가리라
이제, 아무도 찾지 않는 허허로운 들판에
이름 없는 들풀로 살며
지순한 마음으로

너를 맞이하리라

신부

오늘 아침 붉은 저 태양
네 심장으로 녹아나
예쁜 꽃을 보듯이
너를 바라본다
너는 나에게
한 번도 가슴에 내려놓지 못한
지상의 축복이었다
그런 너는 어느새
이 덧없는 세월을 딛고
고운 처녀가 되고
오늘은
눈이 부셔 차마
바라보지 않아도
세상에서 가장 아름다운
천사이어라
그래, 세상 모든 것들은
죄다 꽃비에 젖고 젖어
눈이 가려워도
너는 행복을 꿈꾸는
꽃처럼 고운
이든* 여자가 되어라

* 착하고 어진 여자의 우리 말.

막새

경주 안강천을 거닐다
처용 얼굴을 한 와당瓦當 한 점
언제 어디서 왔을까
파도에 무늬가 새겨지기 전에는
헤어지지 말자는
낙랑공주의 손을 뿌리치고
동굴 속에서 어둠을 빗질한
마의태자의 화신化身이었을까

이별은 또 다른 만남이라는 기약조차 없이
어긋난 사랑으로 상처를 밀어내고
언젠지 모를 그날을 위해
화석化石이 될 때까지
지하에서 천년 또 천년
가슴에 푸른 각을 새겼다
오늘, 그 허물을 벗고
천년 미소로

다시, 태어났다

* 재래식 골기와 지붕의 처마 끝을 꾸미는 기와.

가을 무렵

1
하늘끝자리에서부터
가을이 물들기 시작할 무렵
집으로 배달된 지인의 시집을 읽던 중
한꺼번에 두 통의 부음통지를 받았습니다
여태 가슴속 꼭꼭 숨겨온 슬픔 담고
깊고 푸른 강가로 달려가
시퍼렇게 멍든 속울음 풀어 놓았습니다

2
스물 살쯤 되었을 때였을까
허리 아래가 마비된 몸뚱어리 때문에
희미한 길조차 보이지 않아
나를 지우고 싶었던 적 있었습니다
이런, 반쯤 무너진 몸을 팔면
꽃 한 송이라도 살 수 있을까 생각했습니다
그때 취한 달빛이 강물 위에
안개꽃처럼 뿌려지고 있었습니다

3
숨가쁘게 달려온 지난 날
이제, 여분의 삶은

꽃이 아니어도
버릴 것 다 버리고
저 발 아래 죄다
내려놓았다 생각했습니다

그 순간 목구멍으로 울컥 받쳐드는
이 뜨거운 온기는
또 무엇이란 말입니까
그래, 오늘은
그 누구도 아닌

혼자이고 싶습니다

4부

하우스 푸어

승진에 대한 단상

버스를 기다리는

긴 줄 같은

아니

신사임당의

쓸쓸한

무덤 같은

풀

처서處暑 지난 점심시간
햇살 찾으러 나선 길
시멘트 바닥을 뚫고 나온 강아지 풀
이리저리 몸이 흔들리고 있다
잠시도 쉬지 않고 휘청거린다
어차피 돌아올 몸이라면
그렇게 흔들린다 해도 괜찮다
요즘 같은 세상
그렇게라도 흔들리지 않고는
제 정신으로 살 수 없는 세상

그래 안다
그렇게 흔들리고 있는 것은
바람이 지나고 있다는 것을

그래 안다
그렇게 흔들리고 나서야
슬픔과 아픔까지 삼킬 수 있다는 것을

그래 안다
그렇게 흔들려야
외로움을 견딜 수 있다는 것을

때로 나도 흔들리고 싶다

MRI

꼼짝하지 마라
너를 체포한다
한 순간의 미동도 허락하지 못한다
마른 기침소리도 안 된다
숨소리마저 잘 다스려라
이를 어길 경우
지금까지 살아온 네 삶의 흔적
다시는 복기할 수 없다

한 시간째 몸 주위를 경계하며
쿵쿵거리는 소리들
지금까지 잘못 살아온
내 삶에 대한 모진 질책 같은

나, 지금
파동치는 우주의 중심 속에 누워
지난 세월을

참회 중

바보 검객

1
소문난 고수라지만
한 번도 그가
출수한 것을 본 사람이 없다
한때 4대 문파의 비급을 전수 받았다
소문만 파다할 뿐
언젠가 딱 한 번
그의 검술을 본 사람의 말로는
검끝이 춤을 출 때마다
달빛 구름 속에 몸을 숨기고
바람은 가던 길 멈추었다고

2
야합과 편 가르기가 난무한 강호
어느 무림 대회장
혈맹이나 어느 문파 소속이냐에 따라
승패가 결정되고
때로는 엽전의 무게가 풍경처럼 들리는 세상
그는 칼집도 차지 않고
찢어진 바랑 하나 들쳐 메고
외로이 길 떠난다

검객 아닌 나그네 되어

사투死鬪 혹은 사투巳鬪

1
날선 바람이 길을 막아선 산행 길
지난 가을 다람쥐가 떨어뜨린 알밤을 주우려
고개를 숙이는 순간
굴참나무 이파리 속 독사毒蛇 한 마리
똬리 틀고 날 노려보고 있다
눈과 눈빛 사이 고요와 적막 사이

이 순간 이후, 어떤 틈도 보여서는 안 된다
들숨 날숨조차 다스려야 한다
그렇지 못하면 어쩌면 나
지난 생生의 한 부분을 지워야 할지도 모를 일
그러면 내 외로운 영혼에
당신을 더 이상 초대할 수 없을 터

심장은 의지와는 상관없이
제멋대로 놀아나고
허물 수 없는 어지럼증만 출렁거린다
하지만 너 아닌 내가 살아남아야 한다
그러기 위해서는 단 한 번에 저놈을 쓸어낼
비장의 무기를 짓는다
그래, 오로지 오늘을 위해
반세기 넘게 연마 한

아니, 아직 한 번도 세상에 시연하지 않았던
神의 마지막 한 수로 저놈을 제압해야 한다
이 한 번의 출수를 위해
어둠 안에서 내밀한 진기 다스리며
분노마저 불사른 세월이 얼마던가

2
그 놈의 혀가 암기되어 차가운 공기를 허방짓는
찰나의 순간
녀석의 목덜미를 향해 허공섭물虛空攝物*을 날린다
그러자 번개를 맞은 듯
다섯 보 넘는 곳에 나가 꼬꾸라져
햇살 부스러기처럼 꿈틀거린다
하지만 나, 더 이상 살생을 하지 않고 자비를 베풀 터

3
잠시 후
뛰쳐나온 심장 제자리에 옮겨놓고
총총걸음으로 내달은 하산 길

건너 편 코숭이** 한쪽이 서서히 침몰하고 있다

* 멀리 떨어진 물건을 손을 안 대고 내공으로 움직인다는 무협용어.
** 산줄기의 끝을 의미하는 순 우리말.

하우스 푸어*

30년 넘게 다니는 은행에
인질이 된 친구
안주 없는 소주 몇 잔으로 허기를 지운다
그럴수록 병명을 알 수 없는 암덩이처럼
점점 차오르는 생의 군더기
히죽이죽 헛웃음만 담배연기처럼 맴돌다 사라지고
어쩌다 본 초등학생 늦둥이를 보듬기 위해
사는 것을 넘어 권태까지도 젖고 젖도록
진정으로 사랑하고 싶었다하네
하지만 그의 아내마저 매일 밤을 태우며
마르지 않는 접시에 무채색의 무늬를 새겨도
손에 쥐는 것은 피천**
감당할 수 없는 삶의 무게가 온몸을 지배한다
차라리 매미처럼 허물을 벗을 수 있다면
풋물 사무친 허물 몇 번은 벗어버렸을 텐데
밤이 깊어질수록 유흥가 은은한 불빛
길목을 지키는 호객꾼되어
지그재그로 걷는 남자의 걸음을 유혹하지만
불빛조차 한 점 타인의 별처럼 빛난다
그런 오늘도 불면의 밤 끝 붙들고
미로를 해매고 있다
집으로 가는 길은

>

아직, 아득하다

* '비싼집에 사는 가난한 사람'이란 뜻으로 무리하게 대출을 받아서 집을 샀다가 대출이자와 빚에 짓눌려 힘겹게 살고 있는 사람.

** 아주 적은 액수를 의미하는 순 우리말.

유토피아
— 아내의 바늘

20년 넘게 잡아온 셔틀콕을 내려놓더니
귀 모양이 제각기 다른 바늘 한 쌈 들었다
그런 후 동안거에 든 스님처럼
온 종일 오색실의 각질을 하나 둘 풀어놓고
다시 꿰매기를 반복하고 있다
하고 싶은 말들 달빛에 묶어놓고
묵언수행으로 대신하고 있다
번뇌가 머물다 간 자리마다
눈물처럼 빛나는 추억 더듬으며
하늘 저 끝자락 한쪽이 풀릴 때까지
손놀림이 멈추지 않는다

30년이 넘은 직장생활에도
가난만 키운 그 남자를 대신해
허허로운 가슴 속
나비를 키우고 목련을 피워내고
고즈넉한 집 한 채 들여와

소왕국을 꿈꾸고 있다

새

— 인사 소표

매년 발 빨라지고 손 짧아진 달이면
다들 다른 둥지를 찾아 떠나야 하고
또 누군가는 빈 둥지를 찾아 날아오네
덩그러니 혼자 남은 나, 나는
먼 산 허공만 쳐다보는데
오고가는 새들의 그림자
풍경을 마구 흔들어 놓네
새들의 날개에 그들이 살아온 흔적 선명하네
아방궁 같은 곳에서 잘 길 들여진 새들
또 다시 물 푸른 둥지로 찾아 날아들고
이름 모를 철새들 밤이 지나도록
앉아야 할 나뭇가지를 찾지 못하고 헤매고 있네

해가 어둠을 저만큼 밀쳐낼 쯤
어디서 날아온 텃새의 깃털 하나 떨어지자
둥지는 다시 풀잎처럼 흔들리고

아무도, 아프다 말하지 못했네

딴죽거리

-고요
새떼가 날아 간다
황폐한 숲속으로

-직장
어떤 사람은 낚시를 하고
또 다른 이는 사냥총을 들고

-생활
결코 그물을 빠져나갈 수 없는
비늘 없는 생선

-월급
나는 날마다
롤로코스터를 탄다

- 역사
악마와 천사를
어떻게 구분할꼬

- 종교
늑대는 통소를 불고
양떼는 캉캉춤 춘다

이별

어느 날 갑자기
당신이 내 곁을
떠난다 해도
그대 이름
이 대지 위에

꼭 새겨 두리라

묘비명

— 수목장樹木葬

나, 처음부터
공空이고 공茒이라서
나 없고 또 없어서
나我무無였다

그런 오늘은
나무木되어
날마다 해와 달을 품고
햇살 한줌 움켜쥐고 살다

흔적없이 살다 가노라

일탈

지루한 하루해를 덮고 나선 퇴근 길
도심의 화려한 불빛은
작아질 대로 작아진 열등의 내 그림자를
마음대로 유린하고
새로운 군상들과 야합하면서도
잃어버린 시간을 찍으려 한다
그럴 때면 허름한 포장마차에 홀로 앉아
점심 후 온천천을 걷다
양쪽 주머니에 가두어 놓은
햇살이란 햇살을 모두 탁자 위에 풀어 놓고
소주 한 병하고도 반으로 목을 태운다
그러면 난 거인국의 이방인이 되어
밤거리를 걷는 희고 하양 엉덩이들을 골라
출렁이는 구름에 걸쳐 놓으면
한없이 황홀해 지는 밤
반쯤 취기로 집에 들어와 철지난 정장을 입은 채
씨줄날줄 엮어 시어詩語 한 줄 풀어놓고
안드로메다의 목이 긴 여인을 그리며

우주를 항해 한다

우기雨氣에 핀 무지개

1
무겁고 허기진 날 들의 연속
비는 내릴 것이면
한꺼번에 내리다 말 것이지
전립선 앓고 있는 환자의 오줌발처럼
끊어졌다 이어지길 반복하면
도대체 어쩌란 말인지
오늘따라 하늘 저 멀리부터 밀려드는
마른 번개소리마저 요란하게 밀려왔다
흔적없이 소멸해 간다
또 다시 예고된 빗 소식
가슴이 빈약한 사람들은 어찌 살아야 될지
아무리 애써도 달라지지 않는 삶의 여분들

2
때마침 매지구름 사이를 헤집고 나온 태양
햇살이 그리웠던
해바라기 닮은 아이들만 신이 났는지
하늘을 향해 연속 물총을 쏘아대고
양떼구름이 길을 열자
서쪽 하늘 가장자리
바라만 보아도 황홀한

옛사랑의 미소 닮은 무지개를 잠시 배알합니다
그런 후, 지나는 구름떼의 요란한 호객행위
이건, 내 마지막 바람기를 시험하는 겁니까!
그것도 아님 애달픈 그리움입니까!
너로 인해 잠시 투명해진 나
넋 놓고 한참을 그렇게

하늘만 바라보고 있습니다

중독中毒

병원의사가 건네 준
"발호치미跋胡疐尾*"라는 처방전을 들고
온천천 길을 쓸쓸히 걷는다
발걸음은 연신 허방만 짚고
잠시 하늘과 지상의 경계가 모호해지는
이 예측 불허의 순간
어찌 하면 좋으리
어젯밤 점찍어 두었던
수많은 불빛도
오늘, 한 점 타인의 불빛되어 빛나고
거리의 화려한 쇼 윈도우에
허황된 욕망만 걸려 있다
세상은 늘 예상 밖이다
가난은 금기다
화려한 공적功績은
언제나 타인의 표적이 되어 더욱 금기다
아무런 수식도 없이
번번이 좌절하면서도
다 내려놓을 수 없는 것은
어떠한 예방이나 처방전 없는
이미 중증重症 환자다

* 이러지도 저러지도 못한 상황.

코코와 구두

아들 녀석이 봉사활동 갔다 달고 온
코코라는 이름을 가진 강아지
심한 가슴앓이를 했는지
눈도 마주치려 하지 않고
숱한 허기를 털어내고 있다
인간에 의해 선택받았다
인간에 의해 버림받은
그릇된 운명
그 절박함 앞에
얼마나 무기력했을까
이제 먼 발소리만으로
제 사랑 찾아 제일 먼저 달려든다

모임 갔다 별을 뒤로 한 귀갓길
현관문에 들어서자
아직 누구도 한 번 품어준 적 없는
내 낡은 구두를 품고 잠들어 있다

발이 따뜻하다

중년重年

몇 달 만에 오른 해운대 장산
멀리서 읽힌 반쯤 기울어진 고층빌딩
바람에 갇혀 파닥거리고
오륙도를 품은 바다
해변 안개를 밀쳐내고 있다
갈림길마다 떡깔나무 이파리 팽팽하게 일어나
지나온 길을 세우고
살얼음이 얼기 시작한 등산로
청설모 한 쌍 지문만 남기고 쓸쓸히 돌아선다
덩달아 졸린 낮달 엉거주춤
구름이 가는 방향으로 끌려간다
산정山頂이 가까울수록
내 호흡은 스타카토* 가락에 맞추어 거칠어지고
물 먹은 걸음은 한사코 밀려나
무슨 일인가 싶어 뒤를 돌아보니
굽은 등 뒤에 각인된
오십하고도 다섯 개의 무덤
아니

혹惑, 혹掝

* 한 음씩 매우 짧게 끊어 연주하는 일. 또는 그것을 나타내는 기호.

벽壁과 벽劈

창밖에는
낯익은 전열등이 녹슬고 있다
온기 허물어진 가슴 열어
어둠 깃들기 시작한 강을 끌어다
대문밖에 걸어다 놓았다
힘껏 차오르다 무너지는 물결
나는 그것을 벽이라 하는데
너는 못가진 자들의 반란이라고 하고
나는 다시 불어올
바람이라 하는데
너는 결코 허물 수 없는
하늘이라 하고
그럴수록 너와 나
제각기 다른 탑 세운다
그 어떤 것으로 치유할 수 없는 상처에도 눈 감은 채
이제, 허공에 세워진 벽壁과 벽劈을 넘어
바람 다시 불어올까
삼강하늘 건너간 철새무리

다시 돌아와 둥지를 틀까

팽목항

“엄마 내가 말 못할까봐 보내 놓는다
……사랑해”

신은 없었고
나라는 무능했다
우리 어른들 또한 한없이 무기력하고 무력해서
너희들 누구 한 사람 지켜주지 못했다
그래서 미안하다 또 미안하다
그리고 사랑한다 또 사랑한다고 말뿐
그러나 이런 모국어까지도
단지 사치일 뿐이라서

그저, 침묵
또

침묵하고 있는 거다

미석산방美石山房에서

굽은 해 기울어
천왕봉 산기슭에 내리면
아직 잠들지 못한
몇 조각 허황된 바람
창문을 떼 메고 어디로 갔느냐
지금 이 순간은 쓰린 공복의 하늘
침묵이 잠들지 않아도 좋으리
밤이 깊어질수록 달빛에 익은
댓잎이 풀어놓은 이야기
마지막 전설로 남아 헛돌고
수식도 없이 쏟아져 내린 별무리
그대 가슴에 한없이 빛난다
그런 오늘 하루 분의 사랑도 과분한 것이라서
밤을 찢고 돌아온 물총새
재 넘어 청학동을 흔들기 시작하면
산이 움직이고 그때서야
남은 그림자를 일으켜 세운다
아, 그러나 아직 잠에서 깨어나지 못하고
세상 향기란 향기 한 곳에
죄다 가두어 놓은 산방山房

나의 해방구!

해설

삶과 시, 그 미끄러지는 경계에 선 자의 노래

정 훈 문학평론가

삶과 시, 그 미끄러지는 경계에 선 자의 노래

정 훈 문학평론가

김정호 시인이 일곱 번째 시집『부처를 죽이다』를 세상에 내놓았다. 필자는 문학행사나 문우로서 우연히 그와 몇 차례 술잔을 나눈 적이 있다. 그를 볼 때마다 들었던 생각은 정말 사심이 없다는 것과, 세상을 올곧은 시선으로 바라보려는 마음이 가득한 사람이라는 점이다. 그도 그럴 것이 공직에 34년을 근무하면서 어김없이 남들보다 한 두 시간 일찍 출근해왔다는 사실에서 평소 인품이 드러난다. 이 점만 보더라도 그가 얼마나 성실하고 매사에 신중한지 유추할 수 있다. 이런 성실성은 공직자로서 청렴성과 강직성과도 이어지는 것이리라. 그러면서도 시인으로서 시작詩作에 대한 고민과 창작방법의 내실을 위한 동인 활동을 꾸준히 해왔던 사실을 떠올린다. 소시민이 부딪칠 수밖에 없는 험악한 세태에 대한 좌절과 갈등은 시인이라고 해서 벗어나지 않는다. 그래서 일상인으로서 세상을 바라보는 시각이 현대시의 주요한 소재가 되어 왔던 것이다. 때로는 불온하고 구차한 방법으로, 때로는 시적 승화의 형상화로 다루어왔던 현실세계의 민낯은 시인이 몸담고 있는 환경이나 사상적 풍토에 따라서 다양한 표정으로 변용하게 마련이다. 그러나 궁극적으로 세계와 시는 마찰할 수밖에 없으며, 이 마찰이 불러일으키는 실존의 상처와 예술적 형상화가 어떤 포즈로 융합되느냐가 중요한 것이다. 이는 결국 시인마다 갖추고 있는 시적 세계와 창작방법의 문제와 직결된다. 김정호에게 현실은 단순히게 실존을 옭아매는 부정적인 공간이라기보다는 시인의 사유와 시 정신을 치켜세우고 추동하는 매개에 가깝다. 현실의 모순과 부정적인 삶의 양태를 응시하면서 자신을 추스르는 것이다. 이번 시집은 삶과 시 쓰기가 마주하는 해답 없는 풍경의 공간에서 고민하는 시인의 고뇌가 고스란히 들어 있다. 사회적 불순과 오만한 세태에 대한 풍자는 그의 예전 시들에서도 보였던 바, 여기에 종교적인 깨달음과 더욱 진중해진 시적 세계가 드문드문 박힌 채로 독자들을 초대한다. 독자들로 하여금 실상이 펼치는 환영과, 그 속에 도사리고 있는 세계의 진실을 시인은 나름의 시적 언어로 벗겨서 보여준다. 간혹 날선 풍자로 나아가는 경우도 있고 때때로 번뜩이는 재치로 상념에 잠기기도 한다. 이런 그의 시 면모를 잘 나타내는 시가 이번 시집의 표제작이기도 한「부처를 죽이다」이다.

> 고향에서 보내온 쌀자루를 열자
> 춥고 아픈 시간 불붙이며
> 운주사 와불瓦佛이 된 쌀나방 몇 마리
> 방 안을 제멋대로 비행하고 있다
> 망설임도 없이 몸의 경련 세워
> 숨을 죽이고 나방이들을 미행한다
> 그러다 반은 두려움으로 반은 측은함으로

문명의 최첨단 치명적인 무기
촘촘하게 마디마디 우주의 기를 모은
죽음의 그물망을 펼쳐들고
나방이들 날개를 덮친다
그러자 중중모리 장단으로
연기처럼 산화해 버린 나방이들

처처불상處處佛像이라 했거늘
아직 마음의 독毒을 뽑아내지 못해
부처가 되지 못한 나
나방의 부처들을
죽음의 향연으로 인도하고 있다

아, 연화세계로 가는 길
멀기만 하다
—「부처를 죽이다」 전문

종교인은 일상에서 벌어지는 체험을 자신의 종교적 상상과 흔히 연결 짓는다. 가령, "고향에서 보내온 쌀자루" 속에 들어 있는 "쌀나방 몇 마리"를 보며 "운주사 와불"이나 "처처불상"의 불교적 이미지로 환원하는 것이다. 여기에는 일상인의 평범한 행동과 종교인으로서 기원하는 이상적인 정체성이 쌀나방을 매개로 충돌하고 있다. 종교인 이전에 속세를 지나는 티끌 같은 사람이기 때문에 종교적 염원과 욕망을 완전히 벗어던지지 못한 세속적 의식에 지배받을 수밖에 없는 심사心思에 시인은 괴로워한다. "아, 연화세계로 가는 길/ 멀기만 하다"는 자조는 비단 시인뿐만 아니라 고해苦海의 늪에 신음하는 모든 인간 존재의 무의식을 드러내는 감정의 표지이기도 하다. 세속적인 중력과 종교적인 초월의지 사이에 시인은 불안하게 끼어 있다. 현란한 색色들의 환상 속에서 시인은 진실을 보려한다. 이 진실은 현실세계에서 종교적인 시공간으로 이탈하려는 마음에서 생겨나는 빛에 대한 확인 의지일 것이다. 온갖 거짓과 속임수가 난무하는 세상에서 시인은 종교인의 태도에 좀 더 가까워진다. 이는 우리에게 시와 종교의 친연성을 생각하게 하는 바, 이 둘은 현실 깊숙이 들어가서 다시 빠져나와 현실을 초극하고 품는 속성으로 나아간다. 김정호는 이 같은 초월과 내재적 응시를 감추지 않는다.

목을 빼며 살아온 날들의 연속
끝내 화해를 거부한 일상의 그림자
언제부터인가 가슴 속에서 덧나
늘 외발로 하늘을 버텅겨야 했습니다
식탁 위 젖은 빵 한 조각
어떤 이에게는 버리기조차 하찮은 것이지만
또 다른 누군가에게는
목숨을 담보할 양식이었음을 알았습니다
오늘은 길을 나서지 않겠습니다
그대 푸른 무릎 위에 무너져
더 큰 통증이 뿌리내리기 전
소리 내어 울고 싶습니다
저기 어른거리는 문 그림자
다시 서투른 몸짓으로도 쉽게 넘더니만

나는 아무리 하늘 높이 뛰어도
손끝조차 닿을 수 없다는
가깝고도 단순한 진실조차
너무 늦게 안 것도
죄라면 죄라하겠습니다
그만 창문을 닫겠습니다
이런 저런 풍문조차 더 이상
묻지도 캐내고 싶지도 않습니다
차라리 고목에 기생하는 푸른 이끼 되어
하늘을 유혹하며 살겠습니다

—「문門 혹은 문問」 전문

현실은 늘 그만큼 우리에게 숙제를 하나 던지게 마련이다. 한 발 앞서 걸으면서 무리를 따르느냐, 아니면 조금 뒤처지더라도 꿋꿋하게 자신의 자리를 지키며 대의大義 속에 뿌리를 내리느냐의 갈림길을 제시하는 것이다. 대부분의 사람들이 표상적인 것에 현혹되어 이 세계가 던지는 밑밥을 부지런히 좇으며 살아간다. 남들이 우르르 달려가는 큰 문은 기실 멸망에 이르는 길이라 본다면 어떨까. 한 때 시인도 "목을 빼며 살아온 날들의 연속"이라고 고백한다. 이 고백은 시인으로서는 고해성사에 다름없다. 생활인으로서 최고까지는 아니더라도 이를테면 경쟁에서 승승장구하는 모습을 시인이라고 해서 바라지 않는 바는 아니겠지만, 현실의 삶에서 요구하는 사회적인 기대와 보상 심리를 시시때때로 욕망하는 시인의 모습은 좀처럼 상상하기 어렵다. 그저 소시민으로서, 그리고 모나지 않고 평범하게 살아가기만을 기대하겠는데, 위 시에서 시인이 깨닫는 사실은 역시 시적 현실과는 유리될 수밖에 없는 냉정한 세계의 진실일 것이다. "나는 아무리 하늘 높이 뛰어도/ 손끝조차 닿을 수 없다는/ 가깝고도 단순한 진실조차/ 너무 늦게 안 것도/ 죄라면 죄라 하겠습니다"라 읊조리는 데서 시인이 잠깐 이 세상이 던지는 유혹의 낚시 줄을 바라보다 결국 거두어버리는 저간의 사정을 헤아리게 된다. 그런데 이러한 시 창작 배경과는 무관하게 작품에서 형상화된 이미지나 메시지로도 우리는 시인이 지니고 있는 시적 태도를 추출할 수 있다. 드나드는 경계로서 문門과 물음으로서 문問을 시제로 삼아 시인이 진술하는 시적 언술은 그 자체로 삶을 사유하고 대하는 한 시인의 내면의 단면인 것이다. 내밀한 고백으로서 시가 예술적 성취를 가져올 수 있다면, 시 언어가 지향하는 지점을 따라가면서 간접체험하는 이 세계의 풍경을 독자들이 한 번 더 되돌아보며 깨닫게 되는 그 무엇을 작품이 제시하는 데서 시작한다. 이는 시적 추상이 만들어보이는 형이상학의 구조에서 발견할 수 있다. 시인이 건너려고 하는 먼 곳은 하늘처럼 끝없는 구경적究竟的 우주의 시공간이 되는 것이다. 이 한결 같고 욕심 없는 삶의 태도를 지탱하는 일은 의지와 관계없이 생겨나는 생의 부정성을 보듬으며 홀로 침묵하는 일과 관계한다. 시인의 말처럼 "차라리 고목에 기생하는 푸른 이끼 되어/ 하늘을 유혹하며 살겠"다는 마음 또한 이러한 청명한 삶의 자세의 표현이 되는 것이다.

곧은 자세와 태도로 세상을 살겠다는 시인의 의지는 삶의 이곳 저곳에서 발견하게 되는 추악한 현실과 부딪칠 수밖에 없다. 시는 그 필연적인 충돌에서 탄생한다. 김정호는 인간의 욕망에서 기인하는 모든 실상에 비판적이지는 않지만, 그 욕망이 야기하는 공동체적 삶의 균열에 대해서 눈을 감지 않는다. 그렇다고 해서 그의 사회비판의식이 정치적인 비수로 꽂히는 경향에 대해서도 일정한 거리를 둔다. 이 세계와 사회에서 시가 내보일 수 있는 몸짓은 어떠해야 하는가를 시인은 고심하고 있는 셈이다. 이는 언어의 한계를 자각하면서, 시가 비록 사회비판의 강력한 무기는 될 수 없지만 적어도 사람들에게 정신적 충격으로서 기능할 수 있는 자리를 시인이 마련하려는 의도로 볼 수 있다. 이런 상황에서 시인의 언어는 대개 강한 어조보다는 세밀하면서 침착한 방향으로 흐르기 마련이다. 이는 시인의 시 세계가 지금까지 보여줬던 자기반성과 치밀한 세계 응시와도 무관하지 않을 것이다. 세계의 틈새에 시인 자신을 기입하여 사색하는 서정의 빛깔을 자주 볼 수 있는 이유도 여기에 있다.

처서處暑 지난 점심시간
햇살 찾으러 나선 길
시멘트 바닥을 뚫고 나온 강아지 풀
이리저리 몸이 흔들리고 있다
잠시도 쉬지 않고 휘청거린다
어차피 돌아올 몸이라면
그렇게 흔들린다 해도 괜찮다
요즘 같은 세상
그렇게라도 흔들리지 않고는
제 정신으로 살 수 없는 세상

그래 안다
그렇게 흔들리고 있는 것은
바람이 지나고 있다는 것을

그래 안다
그렇게 흔들리고 나서야
슬픔과 아픔까지 삼킬 수 있다는 것을

그래 안다
그렇게 흔들려야
외로움을 견딜 수 있다는 것을

때로 나도 흔들리고 싶다
—「풀」 전문

바람으로 흔들리는 풀을 보며 시인 또한 흔들리고 싶다했다. 어떤 현실의 제약이나 고민이 깊어지면 사물 또한 예사롭게 보이지 않는 법이다. 어찌할 수 없는 현실적 고통과 절망은 사람으로 하여금 지금까지 살아왔던 삶을 돌이키게 하고, 이 자기반성적인 행위의 과정에서 성숙하게 마련이다. 삶의 고락과 행복은 시간이 지나면 한갓 바람처럼 덧없는 것임을 우리는 언젠가 느낄 것이다. 그런데도 순간순간을 지나가는 유한한 인간으로서는 시시때때로 다가오는 환경의 거친 모서리에 부딪치면서 좌절하고 절망한다. 흔들리는 것을 부정적인 뜻으로만 여겨서는 안 된다. 시인도 말하듯이 "그렇게 흔들리고 나서야/ 슬픔과 아픔까지 삼킬 수 있다는 것을" 깨닫게 되는 때는 언제인가. 쉽게 상처받는 몸은 아직 덜 영글어서 그렇고, 삶을 마주 대하는 몸과 정신적인 밀도가 얕아서일 것이다. 거칠고 척박한 환경에서 자라는 생명체가 오히려 면역력이 강하듯이 사람도 인생의 이런 저런 맛을 보아야지만 그 속에 짙은 그늘을 드리운다는 사실을 시인은 위 시의 방식으로 형상화했을 것이다. 이 괴롭고도 신산한 마음은 언젠가 바람처럼 하나의 추억거리가 될 터이지만 못내 나약한 인간이기에 마냥 자연스럽게 받아들이기에는 서러울 뿐이리라. 맑은 물처럼 어떠한 장애도 넘고 흘러가는 이치를 시인은 갈구한다. 세계를 응시하는 눈빛은 그 대상이 오히려 자신 쪽으로 반사해서 되돌아오는 과정이 숨겨져 있음을 안다면 자신과 세계 사이에 놓인 거대한 벽도 실은 투명한 공기일 뿐이란 점도 쉽게 간파됨을 이 시로써 다시 한 번 확인하게 된다.

빈틈없는 생각
빈틈없는 일
빈틈없는 생활
그리고 완전한 사랑
나, 그렇게 살고 싶었다

아니, 아니다
그 틈이 있어 빗물도 스며들고
그 틈이 있어 쓸쓸한 바람 한 자락 묻어놓고
그 틈 사이로 지친 섬 하나 끌어다 놓았다

이제는 당신이 그 틈으로 들어올 차례

—「틈」 전문

누구라도 빈틈없이 살아가고 싶지 않겠느냐마는 시인의 바람은 그 틈을 없애는 것이 아니고 그대로 두는 일이다. 사실 틈을 없앤 완전무결한 삶이 바람직하다고 여기는 사람들이 많겠지만 사실 아니다. 이는 단지 마음일 뿐 실상은 틈 없는 존재를 상상하기 어렵다. 사회인으로서 시인이 사회에서 인정받으려 했던 마음이 비록 빈틈없이 "완전한 사랑"을 실현하는 그 꿈의 끝을 염두에 두었다 하더라고 이제는 "그 틈이 있어 빗물도 스며들고/ 그 틈이 있어 쓸쓸한 바람 한 자락 묻어놓"을 수 있게 된 것이다. 틈은 생명의 원천이다. 틈이 있어 숨이 들락거리게 되고 생명의 막을 열고 닫을 수 있는 것이다. 빈틈이 없다는 것은 단지 자신의 허물이나 죄과가 없다고 스스로 믿게 만들고 타인들의 눈에서 조금이라도 그 상처를 보여주지 않으려는 욕망의 투영일 뿐이다. 따라서 빈틈이 없는 경우는 없다. 단지 그렇게 스스로 믿고 싶을 뿐이다. 시인이 빈틈없는 삶을 원했을 때는, 아무래도 사회인으로서 외부에 비치는 자신의 모습을 반듯하게 보여주려는 마음이 작동하지 않았을까. 사람이라면 누구든 그럴 것이다. "나, 그렇게 살고 싶었다"에서 "아니, 아니다"로 넘어가는 사이의 간격은 범인凡人이 지닐 법한 마음가짐이 세월이 지나 세상의 풍파를 겪고 이제는 삶의 비의를 조금 알게 된 시인의 삶의 철학이 영그는 틈이었을 것이다. 틈과 틈 사이에 생성하고 진보하는 생명의 작용이 있다고 할 때, 이는 자신과 세계가 서로 대립하고 모순하는 것이 아니라 서로 보듬고 함께 가는 거대한 우주공동체의 활력으로 인식해야 하지 않겠는가.

앙코르와트 사원
저기 저곳을 보아라
거대한 나무의 뿌리가
처음 설레는 마음으로
건물의 심장을 감싸 안고 있다
저것은 영원한 사랑의 증표
아니 어떤 이들은
난폭한 파괴자의 본능이라는데
아무도 함부로 말하지 마라
저 뿌리가 없었다면
뼈가 없는 저기 저 몸뚱어리
오래전 한 줌의 모래로 사라졌다는 것을
이것은 내 살고
너를 허물려는 우리 인간들 방식이 아닌
나 살고 너 사는
그들의 방식이라는 것을
—「공생」 전문

공생의 원리를 시로써 표현했다. 함께 살아가는 자명한 우주의 법칙이 적용되지 않는 곳은 없다. 그러나 인간에 적용하면 조금만 생각해봐도 눈에 선하듯이 온갖 이기와 시기, 그리고 교만과 폭력적 언행이 난무하다. 상대를 짓밟고서야 서게 되는 무한경쟁 사회에서 공생은 한낱 구호에 지나지 않게 되었다. 시인의 말대로 "이것은 내 살고/ 너를 허물려는 우리 인간들 방식이 아닌/ 나 살고 너 사는/ 그들의 방식이라는 것을" 앙코르와트 사원을 감싸고 있는 나무의 뿌리를 보며 생명의 깊은

신비를 느끼지 않을 수 없다. 이는 자연이 잉태한 거대한 비유이자 은유가 아니겠는가. 서로 벽을 만들어 자신만의 공간에서 자족하여 온갖 욕심을 부리고 상대를 헐뜯는 오늘날 위정자들의 생리뿐만 아니라, 자기의 욕심을 채우기 위해 공동체의 선의지에 위해를 가하는 무리들이 점점 번성하는 오늘날의 세태에서 과연 어떤 삶이 무한한 사랑과 기쁨을 안기는 것인지 생각하게 한다. 우주적 방식의 삶과 사랑이란 자신을 내놓고 자신을 둘러싸고 있는 객체와 환경을 끌어모아 침투하려는 삼투적 의식이 발현되는 지점에서 생겨난다.

김정호 시는 삶의 여러 장면들에서 피어오르는 다양한 빛깔과 의미를 곱씹으며 반추하는 언어의 형식이다. 그의 사유가 현실과 만날 때, 거기에는 비판과 풍자 그리고 수용과 공감의 이미지가 샘솟는다. 여기에다 시인이 그리워하는 세계의 상像이 그의 감성과 어우러져 제시되곤 한다. 원래 시인은 세상과 불화하는 존재다. 시인의 나라는 지금 여기에는 없다. 아마 시인의 숙명이리라. 이상향은 말 그대로 바람일 뿐, 시는 세계와 현실의 그늘에 싸여 스러지면서 언어로 박제가 된다. 그러나 박제가 되어버린 말의 외피를 찢으며 돋아나는 시의 촉수가 있기에 시는 위대한 것이다. 검은 연기로 뒤덮인 이 세계에서 그나마 인간의 영혼을 정화해주는 시는, 그 존재만으로 희망을 말할 수 있게 한다. 시인은 개별적인 언어의 집을 짓지만 그 언어가 보편적으로 확장할 수 있는 까닭은 모든 사람들 속에 품은 염원을 상징해서 형상화하는 노릇을 무의식적으로 시인이 도맡기 때문이다.

지리산 하늘 아래
솜털처럼 아늑한 집 하나 들여야겠다
살아 천년 죽어 천년을 산다는
장터목 주목 위 상고대를 꺾어다 기둥을 세우고
양떼구름 불러와
박처럼 둥근 지붕을 만들어야지
날마다 천왕봉 봉우리를 넘나드는
높새바람 세워놓고 쫙쫙 펼쳐서
투명 창문 하나 내야겠다
숨겨야 할 자본도
허기진 명예도 필요 없는 그곳
울타리 따위는 필요 없겠다
하지만, 다시 비단구름 한 무리 유혹하여
근사한 마당 하나는 있어야겠지
아 아, 그런데 어쩌나
입동이 오기 전에 사시나무가 되어 버린 나, 나는
하는 수 없어 지리산 상부댐에 막 솟아오른
무지개 한 귀퉁이 잘라내 아궁이를 저어 놓고
그곳에 햇살이란 햇살을 죄다 쑤셔 놓고
보름은 해를 품고, 보름은 달을 품고
날마다 물때썰때 일어나 허허둥실
허줄래기춤이나 추며 살아야겠다

—「하늘 집」 전문

「하늘집」처럼 누구나 마음속에 자신만의 유토피아를 품고 산다. 속세와 절연한 채 자연이 주는 환희와 함께 유유자적하는 삶이다. “날마다 물때썰때 일어나 허허둥실/ 허줄래기춤이 나 추며 살아야겠다”는 원망願望을 시인은 기록한다. 볼 것 못 볼 것 겪어가며 마음을 할퀴는 사회 풍경을 완전히 거부할 수는 없지만, 우리는 시인이 희구하는 이상적인 삶의 방향이나 태도를 보면서도 왠지 낯설다는 느낌을 받지 않는 까닭은 오늘날 대부뷰의 현대인들이 지금의 문명에 극심한 피로를 느끼기 때문일 것이다. 따라서 자연스럽게 위 시에서 형상화한 시적 배경과 풍경에 무임승차하고 싶은 심리가 작동한다. 사람들 모두에서 있는 보편적이고 영원한 안락에 대한 염원을 시인은 자기의 개성적인 바람에 녹여서 고백하는 것이다. 시는 삶의 반추이고 불온한 현실에 반응하는 내면의 목소리다. 시인은 시에서 지금의 세계가 어떤 모습으로 존재하는지 증거한다. 김정호는 이렇게 시와 삶의 연결고리를 숙고하며 그 경계에 서서 고독해한다. 존재는 늘 미끄러질 수밖에 없다. 현실을 수락하는 이도 어느 순간 꿈결 같은 광경에 매혹하면서 완고할 것만 같은 세계의 틈을 포착한다. 그 틈에는 지금까지의 삶이 놓쳐버렸던 인생의 가치와 복된 풍경이 끼어있다. 이는 자기 삶의 반성으로 나아가면서 어떻게 실천하고 사유해야 하는지 그 물음 속으로 제 실존을 던져놓는 일일 것이다.

신神과 마주앉아
소주를 마시는 일

혹은
빗자루를 타고
우주 속을 떠돌아다니며

또 다른 행성의 외계인과

밀회를 즐기는 일

—「시작詩作」 전문

따라서 김정호에게 시를 쓰는 일이 무엇인지 묻는다면 위 시와 같은 대답이 나오지 않겠는가. 사실 삶이란 희극과 비극이 교차하는 그물코에 아슬아슬하게 걸터앉는 일이 아닐까. 현실에 대한 고착이나 밀착을 떼어놓고 천상의 존재와 대작하거나 "밀회를 즐기는 일"이야말로 시인에게는 시를 쓰는 일이 된다. 형이하학적인 물질세계에서 형이상학적인 정신의 세계를 갈망하는 일은 시로써 시인의 자기증명을 이루면서 현대인들의 머릿속에 복잡하게 얽혀 있는 세상의 미로 같은 길 찾기에 시원한 숨결을 불어넣는 것과 상통한다. 어쨌거나 이 세계는 어느 한 가지만으로 통하는 길을 봉쇄하게 되어 있다. 이 아포리아를 의식하면서도 새롭고 창조적인 갈림길을 터나가는 의지는 결국에 나 자신에게 있을 것이다. 시는 그 방법 하나를 제시한다. 김정호의 시가 의미가 있다면 바로 이것이다. 시와 삶의 경계에서 한없이 미끄러지는 듯하면서도 희망의 끈을 놓지 않으려는 것이야말로 우리 시가 끝까지 탐색해야 할 길이다. 신선놀음처럼 보일지라도 인간의 사유와 상상력을 현실에 주입하여 이 단단하고 퇴색해 버린 세계의 모서리를 반짝반짝 빛내는 일을 김정호는 시도한다. 이번 시집이 이를 위한 또 하나의 시도라 볼 수 있을 것이다. 이렇듯 김정호의 시는 서정과 풍자를 뛰어 넘어 세상을 초월하여 무심으로 사는 모습을 통해 그의 삶 또한 선禪의 경지에 이르렀음을 보여주고 있다. 앞으로 더욱 그의 활약이 기대된다.

김정호

김정호金正浩 시인은 1961년 전남 화순에서 태어났고, 2002년 계간 『시의 나라』 신인상(시부문)과 2010년 『문학광장』 신인상(수필부문)으로 등단했다. 시집으로는 『바다를 넣고 잠든다』, 『추억이 비어 있다』, 『억새는 파도를 꿈꾼다』, 『상처 아닌 꽃은 없다』, 『비토섬 그곳에』, 『빈집에 우물 하나』가 있으며, 이번 일곱 번째 시집 『부처를 죽이다』는 김정호 시인만이 가진 서정과 풍자를 뛰어 넘어 세상을 초월하여 무심으로 사는 모습을 보여준다. 그의 삶이 선禪의 경지에 이르렀기 때문이다. 시 한 편 한 편에서 이 세상에 대한 통찰과 반성으로 새로운 희망을 열고자 하는 그의 시는 독자에게 또 다른 기대감을 갖게 할 것이다.
현재 한국작가회의 회원, 국제펜클럽 회원, 부산시인협회 회원, '푸른별' 및 '디다 동인'으로 활동하고 있다.

이메일 : kjho1411@hanmail.net

김정호 시집

부처를 죽이다

발　　행 2016년 4월 20일
지 은 이 김정호
펴 낸 이 반송림
편집디자인 김지호
펴 낸 곳 도서출판 지혜
계간시전문지 애지
기획위원 반경환 이형권 황정산
주　　소 34624 대전광역시 동구 선화로 203-1 2층 도서출판 지혜 (삼성동)
전　　화 042-625-1140
팩　　스 042-627-1140
전자우편 ejisarang@hanmail.net
애지카페 cafe.daum.net/ejiliterature

ISBN : 979-11-5728-181-7 03810
값 9,000원

부산광역시 BUSAN METROPOLITAN CITY

부산문화재단 BUSAN CULTURAL FOUNDATION

* 본 도서는 2016년 한국문화예술위원회, 부산광역시, 부산문화재단 지역문화예술특성화지원 사업으로 지원을 받았습니다.